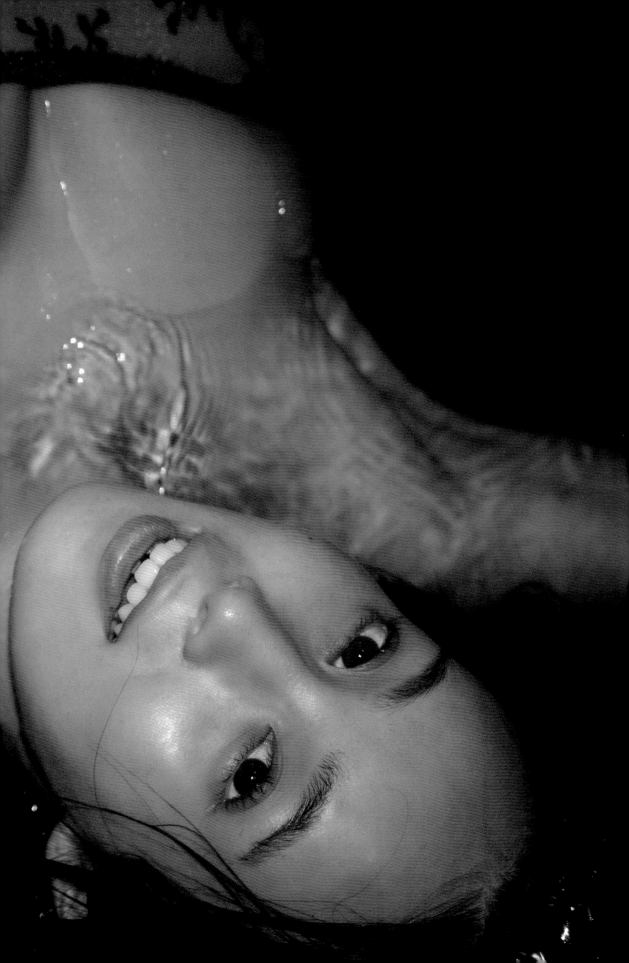

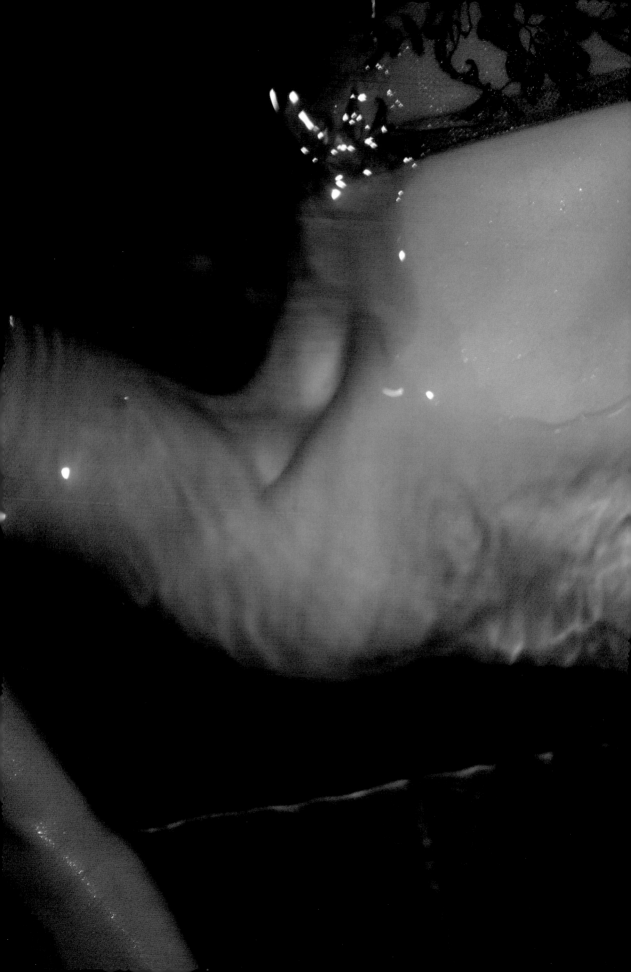

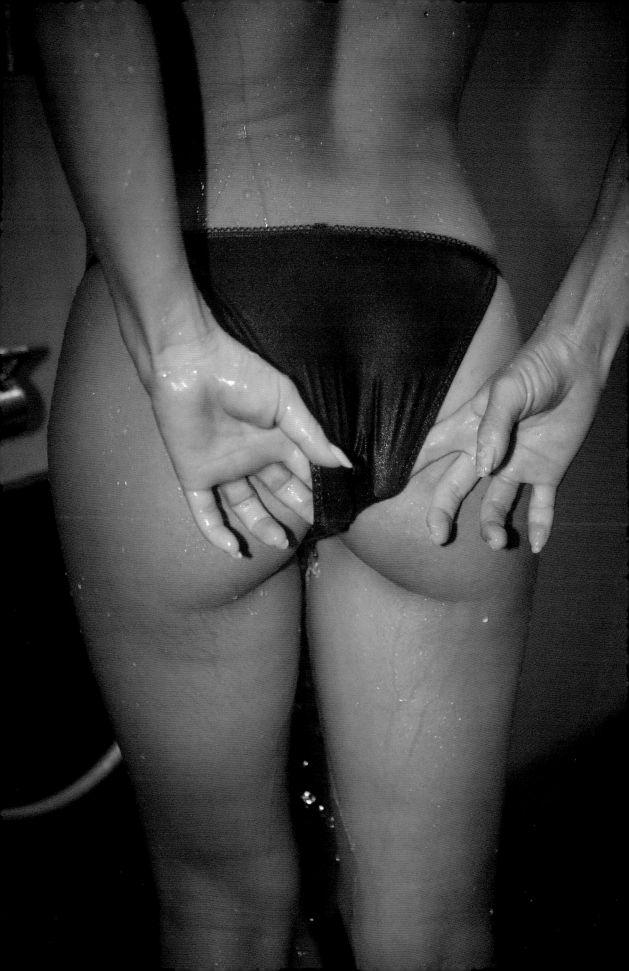

2021年9月22日　初版第一刷発行

Model　犬童美乃梨
Photographer　小野寺廣信（Boulego）
Stylist　野田奈菜子（アップワード）
Hair & Make　双木昭夫（クララシステム）
Artist Manager　堤ゆきみ（R・I・P）

衣装協力
fruits de mer

Transworld Japan Inc.
Produce　斉藤弘光
Designer　山根悠介
Sales　原田聖也

発行者　佐野 裕
発行所　発行所／トランスワールドジャパン株式会社
　　　　〒150-0001 東京都渋谷区神宮前 6-25-8 神宮前コーポラス
　　　　Tel：03-5778-8599　Fax：03-5778-8590

印刷・製本　株式会社グラフィック

ISBN 978-4-86256-325-5
2021 Printed in Japan
©Transworld Japan Inc.

private
minori inudo
犬童美乃梨